거울은 굴비를 비굴이라 읽는다

박철웅 시인은 전남 해남에서 출생하여 2012년 ≪리토피아≫로 등단했다. 막비시 동인. 강남시문학회 회원으로 활동하고 있다. 경기신용보증재단 지점장, 협동조합 유앤아이 이사장을 역임했다. 경영지도사이며 플러스 경영연구원 대표이다.

ahha0119@hanmail.net

리토피아포에지 · 60
거울은 굴비를 비굴이라 읽는다

인쇄 2017. 6. 15 발행 2017. 6. 20
지은이 박철웅 펴낸이 정기옥
펴낸곳 리토피아
출판등록 2006. 6. 15. 제2006-12호
주소 22162 인천 남구 경인로 77
전화 032-883-5356 전송 032-891-5356
홈페이지 www.litopia21.com 전자우편 litopia@hanmail.net

ISBN-978-89-6412-081-1 03810

값 10,000원

이 도서의 국립중앙도서관 출판예정도서목록(CIP)은 서지정보유통지원시스템 홈페이지(http://seoji.nl.go.kr)와 국가자료공동목록시스템(http://www.nl.go.kr/kolisnet)에서 이용하실 수 있습니다. (CIP제어번호 : CIP2017012976)

박철웅 시집

거울은 굴비를 비굴이라 읽는다

리토피아
LITERATURE & UTOPIA

시인의 말

슬로우 슬로우 퀵퀵,
발이 꼬일 때마다 우리의 길목도
꼬이겠지요.
꼬이다가 풀리면 탱고!

우리의 인생도
분수처럼
춤추다가 내려 앉겠지요.
어설픈 춤,

그러나 단 한 번의 춤.

2017년 봄
박철웅

차례

제2부 우울 씨, 사랑해요

제3부 저무는 문장

제4부 분수

| 제1부 |

안녕, 아줌마

거울은 굴비를 비굴이라 읽는다

너를 볼 때마다 결코 굴하지 않겠다는 이자겸이 생각이 난다. 해마다 굴비를 보내면서도 이것은 결코 아부가 아니다, 는 선비가 생각이 난다. 굴비를 바라보며 나는 정말 굴하지 않고 있는가, 굴비처럼 가슴에 소금을 뿌리며 햇살과 바닷바람에 잘 말라 가고 있는가, 생각한다. 굴비는 결코 비굴이 아니다. 그저 고품격 조기일 뿐이다. 몸에 기를 살려주는, 그대도 나도 기 좀 살아보자는 마음의 선물일 뿐이다. 내 비록 하루 세끼도 간당간당하지만 굴비를 보낼 때마다 동아줄 하나 잡은 것처럼 안심이다. 이건 그저, 그대 입맛에 쏙 들기를 바라는 진심일 뿐이다. (한 번 맛을 보면 쑤욱 빠져들어갈 것이다.) 거울을 본다. 굴비가 눈을 끔벅끔벅거리면서 웃고 있다. 거울에 비치는 굴비, 눈 없는 거울이 굴비 꾸러미를 읽기 시작한다. 비굴비굴비굴비굴…, (읽히는 굴비가 민망스럽다.) 나는 그럴 때마다 다시 거꾸로 읽는다. 무항산무항심, 입안의 혀를 돌돌 말아가며 나 스스로를 변호한다. 굴비여, 가슴에 소금을 뿌리며 너는 오늘도 햇살에, 해풍에 잘 말라 가고 있는가.

버그네

아이스크림에 대하여 이야기하고 싶어요. 달콤한 속삭임 말이에요. 이것은 눈 녹듯이 금방 사르르 녹는 거짓말에 관한 얘기이기도 하지만 황홀한 외도이기도 해요. 요즘 유행하는 갑수저의 코미디처럼, 저물어가는 오후의 석양이 밀물처럼 몰려와요 N포의 아이들이 분수처럼 춤을 추어요. 누군가 손짓을 해요. 그때마다 나는 자꾸만 작아져요. 더 더 더 추락해요. 물안개 가득한 눈빛이 무서워요. 곧 사라질 것 같아요. 사탕을 줘요 먹어요. 입안에서 이빨이 썩고, 지방이 썩고, 유통기한이 지난 소시지가 몸통을 살살 저어요. 그래도 입은 동동 떠서 흘러가요. 가벼운 탓이에요. 속이 비고 오장육부가 비틀린 탓이에요. 그래도 어쩐데유? 뒤지는 줄 알았어요. 일어나면 새벽이고요. 누우면 밤이에요. 나는 온종일 일하는 쇠붙이였어요. 감정도 없구 먹구 싸구 구멍만 생각했어요. 입구멍 말이에요. 풀칠할, 할매 뼈해장국 생각이 나요. 어쩌지유? 뭘 말예유 그냥 소신 것 찍는 거예유. 간장을 찍든, 고추장을 찍든 그저 소신껏 찍어 발라 드세유. 힘이 불끈불끈 솟을 거예유. 그러다가 뺑! 터지면

아이. 엠. 에프, 라고 하세유. 그도 빵! 터질 거예유. 얼쑤 얼쑤 지화자 조타. 벌써 타불어쓰유?

안녕, 아줌마

화장실 변기가 하얗게 빛이 나고 있는데, 철없는 아이는 허옇게 안부를 묻고 있는데, 변기 위에는 두루마리 휴지가 펄럭이고 있는데, 아줌마는 하얗게 웃고 있는데, 평화의 비둘기는 구구 바닥을 쪼아 먹고 있는데, 서울역 지하도에는 낭만시인들이 구구 바닥을 핥아 먹고 있는데, 아이는 창문을 열고 창문을 닫고 있는데, 오줌은 숨이 막히도록 쏟아지고 있는데, 아줌마는 여전히 빛이 나도록 하얗게 웃고 있는데, 여봐 아줌마, 반말은 무성하게 자라나고 있는데, 지하철은 저녁놀 같은 헤드라이트를 켜고 달려가고 있는데, 청춘은 콩나물시루처럼 실려가고 있는데, 네온사인은 오늘밤도 춤을 추고 있는데, 아이는 자꾸만 창문을 열고 창문을 닫고 있는데, 의자는 빤히 바라보고 있는데, 모래시계는 눈물을 흘리고 있는데, 아줌마도 한때는 눈부시게 춤을 추었지. 강가의 능수버들이 춤 출 때마다 내일은 꽃이 피어난다고 팝콘 튀듯 웃곤 했지. 추수가 끝난 들판의 허수아비, 찬바람만 숭숭 들어차는데, 아줌마는 안부를 묻고 있는데, 오늘도 하루는 잘 흘러가고 있느냐고, 변기가 하얗게 빛이 나도록 안부를 묻고 있는데,

꽃집의 우울

국화 꽃잎을 매만지며, 오늘 이 아이는 누구를 위하여 웃을까 생각해 본다. 울어야 할 곳에서 청명하게 웃어야 하는 아이는, 환하게 환하게 눈물을 흘릴 것이다. "말없이 누워있는 당신도 저와 같군요." 쓰디쓴 흰 웃음을 날리며 분향대 위에 차/곡/차/곡 잘린 목을 내려놓을 것이다. 죽은 자를 위하여 또 수천의 꽃을 헌사해야 하는 나는, 옅은 웃음을 날리며 오늘도 꽃의 목을 꺾는다. 터덜터덜, 용달차에 몸을 싣고 병원으로 간다. 병원이 가까워진다. 조금씩 조금씩, 살금살금, 나의 시간도 병들어가고 꽃도 생기를 잃어간다. 아가야, 미안하구나. 네가 죽어야 내가 사는구나. 얼음처럼 울음을 삭이며 상주를 만나면 사인을 받고, 사인을 받고, 너를 넘기고, 너를 넘기고, 뒤돌아선다. 등 뒤에서 지폐 몇 장을 집어넣고 터덜터덜, 다시 용달차를 몬다. 다음 죽음을 만나러 간다. 병원이 가까워진다. 아이야, 어디만큼 왔니? 활짝 웃는 너에게 사람들은 침울하겠구나. 그래도 너로 인해 조금은 위로를 받겠구나. 꽃집에는 언제나 우울의 꽃이 핀다.

파리 & 파리

파리파리 왜 파리라 하는 거예요? 파리파리야 하면서 왜 포리똥이라고 하는 거예요? 아가야, 그림은 추상적이어야 한단다. 파리파리 예쁘지 않니? 프랑스에 가면 에펠탑이 있고 샹젤리제 거리가 있고 거기가 파리란다. 아가야 똥은 더럽잖니, 그래서 포리포리 포리똥이라 한단다.

한 마리의 파리가 용서를 빌고 있네. 두 손과 두 발로 살려주세요. 제발, 제발, 온몸으로 트위스트 춤을 추면서, 눈동자를 바라보아라. 빛나는 말씀을 받잡듯이 바라보아라. 등 뒤는 절벽이란다. 아가야, 엄마는 절벽을 타고 왔단다. 나는 엄마만 생각했네. 어머니의 어머니만 생각했네. 아버지는 어느 후미진 길목을 돌아서 오네.

파리파리 샹젤리제 거리의 데이트는 행복했나요? 포로롱 포로롱 날아갈 수 있었나요? 어머니, 여긴 아직 겨울이어요. 어머니, 이제 비틀지 마세요. 엄마는 비틀스가 아니잖아요. 이슬처럼 예쁜 눈물이 아니잖아요. 벽을 타고 올라가는 엄마,

두 손을 비비네. 두 발을 비비네.

잠자리에 드네. 엄마의 팔이 파리하네. 아가야, 우리는 포리란다. 파리가 아니란다. 고백성사 하듯 파리한 엄마의 목소리, 너의 나라엔 에펠탑이 없구나. 자꾸만 포리한 엄마의 목소리, 몇 만 번의 날갯짓을 해야 밥상에 오를까. 아버지는 아직 소식이 없네. 어디선가 술 취한 노랫소리 들리네.

어쩐다

어쩐다, 내일은 당신에게 맡기라는데, 그래도 내일이 걱정되는 걸, 어쩐다, 오늘도 나의 하루는 비둘기 식탁처럼 풍성하고, 깨알 같은 내일은 먹물처럼 덮쳐오는데, 밤이 되면 은밀하게 후려치는데, 어쩐다, 내일은 비, 내일은 먹구름, 아아 당신은 무슨 요일일까, 잃어버린 날들이 일요일처럼 몰려오고, 교회 첨탑에서는 종만 저 홀로 흔들리고 있는데, 어서어서 오라고 울고 있는데, 어쩐다, 허수아비처럼 바람에 나부끼는데, 당신은 희미하고, 어디선가 폭주족의 팡파레 소리 들리는데, 그냥 눈 감을까 생각도 해보는데, 어쩐다, 오늘도 날은 저물고 터벅터벅 돌아오던 아버지 생각 빗물 같은데, 어쩐다, 바라보는 저 마알간 눈, 비둘기처럼 오목한 등이 저무는데, 어쩐다, 어쩐다,

포장마차

포장마차에서 술 한 잔을 하며
똥집을 먹는다
집 없는 슬픔에
술은 축축이 젖어가고
달은 가로등처럼 아늑하다
어둠이 스멀스멀 목까지 기어오른다
이제 가야지
오늘 밤 이보다 더 근사한 집은 없을 거라며
흔들흔들 똥집을 흔들며
가로등 등불 아래 벤치에서 하루를 내려놓고
신문지 한 장으로 얼굴을 가린다

아침이면
좋은 소식이 날아올 것이다

동태

의자가 사라지자
동행이 사라졌다

톡, 톡, 어제의 친구를 노크했는데
메아리 없는 메아리가 흐르고

호명을 하였는데
사위가 적막이다

의자는 그저 의자일 뿐인데
풍경 속에는 풍경이 없다

한 뼘 의자 위에 웅크린 몸뚱이 하나
바들바들 길을 잃었다

비둘기 식사

훈훈한 집안에서의 식사가 아니라
도로 위의 위험한 식사다

내 돈 주고 사 먹는 품위 있는 식사가 아니라
슬금슬금 눈치 보며 허겁지겁 먹는 식사다

고봉으로 먹는 식사가 아니라
한 톨 한 톨 콕, 콕, 쪼아 먹는 식사다

엄마가 차려준 따뜻한 식사가 아니라
아이들이 던져준 빵 부스러기 식사다

1식 3찬의 풍성한 식사가 아니라
반찬도 없이 국물도 없이 고개 숙인 식사다

누구는 나를 보며 평화의 전도사라 하지만
나는 거리의 낭인이다

사각형 꿈

꿈을 꾼다. 사각 사각, 꿈을 꾼다. 사각 사각, 베어 먹는, 베어 먹히는, 흰 그림자놀이. 눈을 감아도 눈을 떠도 원형이거나 세모. 사각 사각 엄습해오는 흰 그림자, 흰 그림자,

창틀 안에서 창틀 밖으로 아이들이 참새 떼처럼 앉아 별을 본다. 우주를 본다. 무서워, 무서워, 아이들아, 내려오렴, 내려오렴, 내려온 아이들이 고양이가 되고, 새가 되고, 고양이가 잠자는 새를 물컹물컹 물고, 새는 잠자는 고양이를 콕콕 물고, 흰 그림자들이 흰 그림자를 펼치고, 펼치고, 펼칠 때마다 검은 날개가 돋고, 돋고, 빗자루를 타고 슝슝 슝슝 어딘가를 날다가 추락? 추락하는 상상을 하면, 골목이 나타나고, 전깃줄이 나타나고, 별똥별처럼 추락하는 몸뚱이. 몸뚱이. 무서븐 손을 휘젓고, 휘젓고, 눈을 뜨면, 흐릿흐릿, 검은 벽만, 검은 벽만,

아가야, 깨어났니? 악몽을 꾼 모양이로구나. 키가 크려고 그런단다. 어디선가 들려오는 환청, 어머니, 제 나이가 몇인

데요? 밤이 기일다, 기일다, 오다가 하얗게 세는 이 밤은,
하얗다. 하얗다. 사각, 사각, 사각,

무항산 무항심無恒産 無恒心

똥을 누면서
뉴-스를 본다

'무항산 무항심', 명문장을 바라보며
어제 먹은 게 있어 항문에 힘을 주는 거라고
무항산 무항심의 의미심장한 문장을 해독한다
나는 어디가 항산이고 항심인지 몰라
그 높이와 깊이를 몰라

학문에 힘을 쓰고
학문을 높이고
학문을 닦는다

삶이라는 고해를 일엽편주로 항해하다가
일용한 양식을 구하지 못해 얼마나 많은 사람이
마포대교에서 옥탑방에서
껄껄 웃고 낙화하고

좌절하던가

어, 시원하다!

어제 먹은 항산이 수로를 타고
굽이굽이 흘러가는구나
그러고 보면 항산이란
똥 같은 거구나

하루살이 K씨

밤마다 생의 모습을 그리듯
그의 코고는 소리는 산도 높고 골도 깊다*

음악도 아닌 것이 음악인 것처럼
시도 아닌 것이 시인 것처럼

때로는 그냥저냥 살아가는 거라고
사지를 늘어뜨리고 주검처럼 누워 있다

한 생의 고달픔을 보여 주듯이
달콤함 뒤에는 씁쓸함이 깃들어 있듯이

코를 고는 순간만큼은 자유인 것처럼
그는 가식의 웃음을 모두 지웠다

* 어디선가 읽어본 듯한 구절..

폐업 안내문

식료품 가게 벽에 십자가의 예수처럼 북어가
자신의 몰골을 걸어 놓고 죽음을 보여주고 있다

북어 곁에 굴비도 대롱대롱 매달려서
자신의 모습을 굳건하게 보여주고 있다
—죽기 살기로 살아가라는 예언 같다

가게 앞을 지날 때마다 생을 접으면 저런 몰골이구나
생을 폈다가 접었다가 또 펴보는 일이 일상이다

가게 벽에 굴비도 북어도 사라지던 날
유리창에 문장 하나 걸려있었다
—사업을 접습니다 내 목숨 같은,

마포대교

바람이 분다
물결이 출렁인다
내 생도 안개처럼 흐릿하구나
돌아보면 눈물도 흔들리지만 사랑했던 사람들
물안개처럼 포근하구나
안아보고 싶구나

여기, 마포대교 난간에 서서
달빛 흔들리는 캄캄한 하늘과
질주하는 강변의 차량들과 한강 둔치를 배회하는
가난한 사람들을 바라보면서
지난 계절을 가슴에 적셔본다

강물은 출렁이고
강물은 흘러가고
또 한 계절이 오고 가겠지
꽃이 지고 눈이 내리듯이

소풍도 끝나가겠지

바람이 젖는다
풍경은 허공에 일기를 쓰며
마지막 한 소절까지
아플수록 사랑은 깊었다며
무지개처럼 제 몸을 길어 올린다

하루살이

고속으로 달릴 때마다 하루살이들이 차를 막아선다 빨리 빨리 달리면 안돼유, 안돼유… 온몸으로 막아서며 장렬히 전사한다 웬일일까 제 목숨까지 던지면서 막아서는 연유가? 뒤돌아보았다 내가 얼마나 빨리 달려왔는가 쫓기며 달려왔는가 욕하며 미워하며 아등바등 달려왔는가, 돌아다보았다 초라했다 비겁했다 암울했다 나도 하루살이처럼 불빛을 보며 달려든 것이다 숨, 접을 무렵은 이미 늦은 것이다 한 줄기 눈물로도 돌이킬 수 없는 것이다 새벽 동틀 때부터 담배 연기에 몸을 던지며 하루를 탕진하는, 하루하루가 하루살이였던 것이다 하루하루 연옥의 불빛을 향하여 악다구니 쓰며 달려가는 모습에서 하루살이들도 안타까웠던 것이다 제발 제발 달리지 마라 좆빠지게 달리지 말라고 좆나게 달려들었던 것이다 O, 18! 그런 것이었다니, 그런 것이었다니,

그래도

날도 저물어 하루가
떠나려 할 때

온종일 공원의 벤치에 앉아
풍경 아닌 풍경을 바라볼 때

그냥
달이 차오르길 기다려야 할 때

수평선 끝, 아물아물 보일 듯 말 듯
섬 하나, 그래도

혀 안에 섬을 가두었다 풀었다
멍하니 생각이 뒤척일 때

풍경 너머 실낱처럼 걸려 있는
희망의 섬, 그래도

| 제2부 |

우울 씨, 사랑해요

꽃들은 고속으로 지고

나는 매일 저무는 꽃처럼 확인한다
피어나는 꽃들 사이에서
향내를 맡을 즈음
치워! 치워! 속삭이는 꽃잎들의 떨림
누군가는 바라보다가 고개를 휘익 돌리고
저무는 꽃잎들은 심장이 멈출 뻔했다
사시나무 떨듯이 움츠렸다
햇살이 느긋하게 웃던 날
장미정원처럼 품어내는 향기를 맡으며
신호등은 파란빛으로 빛을 발하고
나는 어떤 수수께끼도 풀 수 있을 것 같다
사람들은 바쁜 걸음으로 하나둘 환승열차를 타러가고
밀감 빛 헤드라이트가 고속으로 달려가자
꽃들도 고속으로 지고 있었다
나는 휴지통처럼 지나가는 것들을 모두 담아 모았다
뱉어놓은 시간표들이 차곡차곡 쌓이고
누군가는 그 위에 퉤! 퉤! 마른 침을 뱉었다
누군가는 한 편의 시를 완성하고 있었다

밤의 문장

밤을 뚫고 쏟아진다
가슴을 짓누르는 소리 가갸거겨 그기나녀… 툭. 툭.

필시, 너는 불꽃에서 태어났을 것이다

저녁노을과 먹구름 사이에서 태어난 첩자일 것이다
자음과 모음 사이에서 붕어처럼 뽀글뽀글 숨 쉬는 넌,

밤이 내리는 자모, 별과 구름, 그믐달의 환영을 낚시하며
나는 너에게로 들어간다 수런수런 밤을 연주하는 소리. 나는
거문고를 타고, 바닥이 보이지 않는 너를 건져내고 싶었다
팅팅. 거문고 소리. 밤을 끌고 문을 여는 소리. 닫는 소리.

기차가 지나가고
한 통의 편지가 왔고

또 한 편의 밤의 연주가 끝나가고

〉

밤사이 문장을 통과해간
저 많은 울림통들
무더기로 내려앉은 저 음계들

스위치

스위치는 먹을수록 배고프다. 스위치를 먹다보면 어디론가 날아가고 싶다. 누군가는 내 입술에 입술을 대고 깊은 애무를 한다. 빵빵하게 들뜬 육신을 안고 시장으로 들판으로 바다로 안방으로 데리고 가면 달콤한 솜사탕이 된다. 흔들면 흔들리고, 훅 불면 훅 날아가고, 가벼운 입김에도 손길에도 쉬이 무너진다. 스위치는 오래 머물지 않는다. 식어가는 스위치는 걷다가 앙탈하다가 어느 구석 버려진 아이처럼 웅크리다가 한순간 울음처럼 사라진다.

스위치를 먹고 사는 족속은 스위치의 은밀한 곳만 공격한다. 스위치는 마시면 마실수록 찰랑찰랑 팽팽하게 차오른다. 마셔도 마셔도 허기진 헛배를 만지작거리며 눈치도 없이 여기저기 기웃기웃 염탐한다. 바람 냄새 나는 곳이면 안방이든 주방이든 여관방이든 졸졸 따라가는 저 역마살, 누굴 닮은 식탐일까.

스위치는 달콤한 위험, 가벼워도 달콤하고 위험하다. 무거

워도 위험하고, 은밀하면 더 위험하다. 뜨거울수록 더 위험하고 사소한 것에 들통이 난다. 사소할수록 날카롭다. 치명적이다. 바람은 바람 때문에 날아간다. 누군가 살짝 들이대면 순박한 연애처럼 피시시 바람이 샌다. 바람은 바람으로 끝이 나는, 그래도 누군가는 오늘도 봄바람을 기다린다. 숙명이다.

어쩌겠어

어쩌겠어, 언어의 유희처럼 생을 유희하는 짓을, 이제는 접어두고 싶어. 어쩌겠어. 날마다 창살에는 해가 뜨고 지는데, 눈만 뜨면 구름은 흐르고 바람은 부는데, 나는 강물의 돛단배처럼 떠내려가는 걸, 그래도 어쩌겠어, 강물도 졸졸 고백하는데, 바람도 살살 고백하는데, 모두가 지나가는 거라고, 모두가 떠나가는 거라고, 솜사탕처럼 사랑의 말들이 안개 같은데, 어쩌겠어. 소리며 포옹이며 첫 키스도 다 꿈이라는데, 오늘도 누군가의 생각으로 바람에 흔들리는데, 나부끼는데, 어쩌겠어. 진정해, 진정해. 비처럼 내리는 목소리는 컹컹 울라고 우는데, 울지 않는 생각 있으면 컹컹 짖으라는데, 나는 미치지 못하여 미치는데, 슬슬 미쳐가는데, 누군가 부르는 손길, 누군가 손짓하는 목소리, 어쩌겠어. 아이처럼 작아지는, 작아지다가 사라지는, 저 능선에서 불어오는 엄마의 목소리, 아이의 목소리, 안개처럼 젖다가 젖어 혼자 가는 돛단배, 이것이었다니, 이런 것이었다니. 오늘도 눈을 뜨면 바람은 불고 비는 내리고 꽃은 피는데, 나는 거울처럼 바라만 보고 있는데, 손짓하여도 소리쳐도 안 오는데, 움직일 수도 없는데, 어쩌겠어, 어쩌겠어.

두리번

어디 있어요 두리번, 안경을 쓰고 안경을 찾듯이 너를 찾는다. 찾을 수 없어요. 어디선가 너를 두고 왔는데 생각이 안 난다. 분명 요 근천데, 내가 몸을 섞었던 곳, 그곳에서 너는 분실되고 발화되었음직하다. 어디였을까, 나를 찾는 목소리가 신음처럼 들리는데, 꽃잎 지는 소리, 꽃잎 열리는 소리만 실실 들리는데, 어디선가 웅크리고 앉은 소년의 눈물, 어디선가 성당의 종소리처럼 눈물 훔치는 소녀, 나는 저녁 골목길을 돌아 골목길을 돌아 너를 찾아가면 비 맞은 우산은 혼자 울고 있었다. 우산을 접어줄까, 생각도 해보았지만 어디선가 자동차 헤드라이트가 환히 비추고 있는 밤, 나를 잃어버린 너는 누구였을까. 밤이 무서워, 헤드라이트가 무서워, 골목길을 돌아 돌아서 오면, 마주치는 너, 네가 아닐 거야, 분명. 네가 아/닐/거/야, 숨 줄임표처럼 기어서 기어서 가면, 너의 몸은 분명 나였을 텐데, 어디 있어요, 두리번, 두리번거리다가.

원

오래 전의 이야기야. 책가방을 들고 저녁 어스름과 함께 한강 다리를 건너가고 있었어. 다리가 끝나가는 무렵이었지. 찢어진 노크 한 권이 바람에 날리고 있었어. 그 노트는 바람의 힘을 빌리어 무언가 자꾸 이야기하고 싶은 것 같았어. 바람은 휘리릭 휘리릭 방언처럼 이 페이지를 읽다가 저 페이지를 읽어가다가 잠시 침묵을 지키기도 했었지. 어쩜, 차마 그냥 후루룩 다 읽을 수가 없어서 잠시 숨죽이고 있었던 지도 몰라. 나는 아기 고양이처럼 살금살금 그 노트를 훔쳐보았지. 거기 이런 글귀가 있었던 것 같아. "돌고 도는 원 속에서 우리는 마주치지만, 그때마다 우리는 비켜갔지. 우린 또 어느 선상에서 다시 마주쳤다가 다시 멀어져만 갔지." 아마 그런 문장이었던 같아. 그 밖에도 낙수처럼 써 내려간 글줄기들이 더 있었지만, 이젠 시간이 오래 지나 나의 기억도 낙엽처럼 빛이 바래진 것 같아. 난, 찢어진 노트를 소중하게 담아갔었지. 그리고 누군지 모를 그 아이처럼 나도 원을 돌면서 바람이 불 때마다 그 노트를 휘리릭 휘리릭 읽었단다. 지금도 가끔은 그 노트의 주인공이 누굴까 하고 생각해 보는 거야. 어쩌면 너일지도 나일지도 모르는 그 아이는 바람이 불 때마다 그때 차마 다 하지 못한 이야기를 속삭이고 있는 것 같아. 지금도 말이야

순이 생각

눈이 내린다. 나는 그녀에게 편지를 쓰고 그녀는 나에게 편지를 쓴다. 그녀는 목포에 있고 춘천에 있고 눈 내리는 진양호에 있고 명동에 있고 포장마차에 있고 내 안 어딘가에 산다. 오늘은 그녀를 찾아 기차를 타고 버스를 타고 진주에 간다. 그녀는 버스터미널 2층 카페에서 차를 마시고 있고 그녀는 나를 못 본 체하고 나도 그녀를 못 본 체하고, 그녀는 너무 변했고 나도 너무 변한 듯하다. 바람이 불고 낙엽이 지고 그녀는 손자를 안고 이야기하는 밤, 아이는 할머니를 함미라 부르고 할아버지를 합삐라 부르고 밖은 계속 비가 내리고 있고 나는 다시 편지를 쓰고 그녀도 편지를 쓰기 시작한다. 당신 너무 변했군요. 나는 오랫동안 기다렸는데, 빗소리를 들으며 아이의 눈을 바라보고 있었는데, 당신의 커피까지 한 잔 더 주문하여 마셨는데 당신의 그림자는 어디에도 없고 어떤 나이 든 사내만 함박눈 휘날리듯 왔다 갔다 하는데, 당신은 끝내 보이지 않고 낯선 사내는 자꾸 스쳐가고, 순이야. 바람이 차다. 그곳은 재개발되어 옛날 카페는 없고 옛날 이름도 없고 옛날 그림자도 없고 낙엽만 바람에 흔들리고 있고 날은 저물었다. 오늘 나는 다시 편지를 쓰고 밖은 여전히 눈이 내리고 있고 내 안의 너는 그대로 아름다우니 그거면 됐다. 되었다. 예쁜 순이야, 오늘도 술 한 잔 하며 너를 만나는 꿈을 꾸고, 너는 어느 적막한 길 위에서 함박눈 소식을 기다리고 있을지 모르지만, 함박눈이 되어 내리고 싶지만, 가로등에 비친 눈발만 손을 흔들며 사라진다.

데이트

내 눈동자와 너의 눈동자 사이 거기 누군가 살고 있다 하겠다 차마 다 그리지 못한 이쪽과 저쪽 사이 현이 있다 하겠다 한 현을 살며시 잡아당겼다가 놓아줄 때마다 잔물결은 파동을 그리며 흐른다 하겠다

네온사인과 가로등 사이 거기 누군가 노래 부르고 있다 하겠다 부끄러움과 고요 사이 우울과 골목 사이 그림자 하나 서성이고 있다 하겠다 차마 띄우지 못한 편지와 호흡 사이 한 문장이 젖어가고 있다 하겠다

가을과 겨울 사이 호수와 흰 눈 사이 거기 누군가 있다 하겠다 커피와 건널목 사이 지하도 에스컬레이터 한 계단과 한 계단 더 높이에 부드러움이 있다 하겠다 차마 떠나지 못한 어제와 그제와 그끄제와 내일 사이에 네가 있다 하겠다

몽정

꽃밭 사이를 걷고 있는데요
단풍잎 하나 똬리를 틀더니
입술에 차악 달라붙는 거 아니겠어요
물안개 스쳐 가듯 아른하고요
한 줄기 소낙비 지나가듯 시원하고요
참기름 향처럼 고소한데요
안개꽃 아른하게 피어나는 거예요

잎새주 한 잔 한 잔 건네주고 건네받는데요
잎새에 입술이 얹혀 바르르 떠는데요
눈동자에 낙엽 지는 오솔길이 열리고요
단풍잎 틈새로 농익은 입술도 바르르
떠는 게 아니겠어요
그 뒤는 상상에 맡기겠지만

시집을 건네다

바람이 스치고 지나가듯
소소한 실수는 울림이어라
찻잔 속의 고요처럼 떨림이어라

오늘 아침, 출근길에서 한 사람을 만나고
그 사람은 공덕역으로
나는 서울역으로
전차는 뛰뛰빵빵 떠난다고 울어대는데

문득 한 생각이 일어 시집 한 권 능금처럼 꺼내어서
닫히는 문틈 사이로 밀어 넣어 주었네

아뿔싸!
누군가에게 전해줄 요량으로
몇 줄 적어 둔 시집을 건네주었네

그 사람, 첫 페이지 넘기려다 머무를 생각하니

찻잔이 사르르 떨린다
커피향도 어지러운 듯 아지랑이처럼
뒤척이고

아, 민망한 떨림!
부끄러움에, 씁쓸함에,
미안하다는 문자메시지 하나 건네고서
찻잔만 바라보며 ㅜㅜ 일렁이고 있네

우울 씨, 사랑해요

오늘 아침 조간신문에서 당신의 부음 소식을 접했습니다. 구정 설날, 아파트 베란다에서 젖은 빨래처럼 널려 있다가 휴지처럼 휘날렸다는 당신의 이야기. 어제도 그제도 당신의 이야기를 듣고 있었는데, 점점 당신의 이야기들이 쓰나미처럼 몰려오는데, 언제부터 우리는 휴지처럼 사라지는지, 가슴이 허허로운 자는 밀려나야 하는지, 그냥 못남 때문이라고 그 못난 우리들의 모습이 머지않아 우리의 아이라는 예감 때문에 석양은 저녁마다 울먹이다가 하늘을 적셔 놓는데, 몇 해 전 몸을 던진 후배의 국화꽃 영정 앞에서 이야기꽃을 피우던 사내들, 사실 우울 씨는 그 사내들 앞에서 더 주눅이 들었던 것인지도 모르는데, 국화꽃이 시들어 갈수록 술판과 담소는 깊어가고 있는데, 오늘은 부음 따라 날도 우울하고 거리엔 아이들이 떨고 있는데, 별이 지는 어느 마을에서는 눈물도 흘리지 못하는데, 거리에는 3포 5포 7포 세대들이 휘적휘적 걸어가고 있는데, 바람소리만 들어도 허걱, 숨이 막히는데, 낙화하는 n포 꽃잎들을 바라보면서 당신도 몸살기가 도나 보군요. 벼락이 치고 천둥이 치고 비바람이 불어

올 것 같은데, 비 온 다음에 무지개가 뜰 거라는 우울 씨는 오늘 밤, 영혼이나마 위안을 받을 수 있을지요.

우울 씨, 사랑해요.

비! 비! 비가 오는 날

비! 비!
비가 오는 날
친구들과 대폿집에서 술 한 잔을 하다가
짧은 머리 여학생의 "하나만 팔아주세요." 여린 목소리가
들리면
"다음에" 하며 뿌리치던 내가
오늘은 여학생의 돌아가는 뒷모습이
구름처럼 흘러가는 나인양 싫어서 "애야!" 하고
다시 부르고 싶다가도 싶다가도
목구멍에 얹혀 그 소리 나오지 않는다

비! 비!
비가 오는 날
여학생의 뒷모습이 비처럼 젖어온다
오늘, 하늘은 어둑해지고
내 뺨을 스치던 번개는
우두둑 우두둑 가슴이 삭아내리는 소리로 스며든다

우산을 버리고 비를 맞는다
구름처럼 흘러가는 내가 젖은 신발처럼
가을 가로등 아래에서
툭. 툭.
비에 젖고 있다

장옥관*

시인을 시인인 줄 모르고
박사를 박사인 줄 모르고
하마터면 여관인 줄 알았습니다

장에서 나오는 옥관과
관에서 나오는 장옥이
그렇고 그런 사이인 줄 알았습니다

시인의 가슴은 항상
난분분 난분분이니
결례를 걸레로 아셔도 좋겠습니다

박사들은 언제나 오리 혓바닥 같은
쪼그마한 것을 탐구해야 학위를 얻으니
원래 조무래기라고 생각했습니다만

시인의 겨울장미는 탐스럽군요

조무래기도 아니고
난분분도 아니고

겨울장미가 인생이라는 것을 알고부터
나도 이제 장미 한 송이 심어볼까 합니다
눈 내리는 날, 장미와 긴 밤을 지새볼까 합니다

* 장옥관 시인의 시 「겨울장미」가 있습니다.

자화상

바람 부는 날
비틀거리는 비와 함께 걷는다
나도 흔들리지만
비틀거리는 비를 보며
흔들리지 마 흔들리지 마
어깨를 다독이며 집에까지 왔다
또 한 잔 하셨구먼, 핀잔 아닌 핀잔을 들으며
티브이 채널을 돌리다가
나는 졸고 티브이는 혼자 놀고
(그런 날이 수 없이 지나갔다)
우린 서로 어깨를 어루만져 주기로 했는가 보다
나는 졸고 티브이는 혼자 놀고
밤은 젖어가고
바람 부는 날
비틀거리고 싶은 날
비는 항상 나의 모습으로 내렸다

그리고 나는,

내 안에는 수많은 생명이 산다. 꿩도 살고 노루도 살고 돼지도 살고 능금도 살고 살구도 살고 멸치도 산다. 그러니까 나는 내가 아니기도 하고 나이기도 하다. 나는 돼지이기도 하고 소이기도 하고 꽁치이기도 하고 바이러스이기도 하고 쌀 한 톨이기도 하고 눈물 한 방울이기도 하고 바람일 수도 있겠다. 그러면 나는 우주라 하기보다는 축사에 가깝고 동물원에 가깝고 쓸쓸에 가깝다 할 것이다. 하면, 나는 들풀 같은 것이고 그 아무것도 아니라고도 할 수 있을 것이다. 그러므로 나는 어디에도 없고 어디에도 있으니 내가 들풀에서 자라고 메뚜기 안에서도 자라고 강아지 안에서도 자라고 두더지 안에서도 자랄 것이다. 하여, 나는 없다 하기에는 곳곳에 많고 많다 하기에는 어디에도 온전히 없다, 할 것이다. 그리고 나는, 곳곳에 휘날리는 눈발이기도 하고 바람이기도 하고 너이기도 하고, 그 아무 것도 아니기도 하고,

그날

새해가 오더니만 가고, 가는 듯하더니 또 오더구먼
그러나 내 계절은 두 번 다시 오는 계절은 아닌 듯하고
하여 어느 계절, 내 명함도 줄 이 없는 그날이 오겠지
마지막 명함이 떨구어지는 그날이 오겠지
그날, 그날 이후 내 계절엔 낙엽이 질지
눈이 내릴지 모르지만
가슴이 포근한 사람들과 술 한 잔 하고 싶어라
마지막 계절이 오기 전
술 한 잔 나누고 싶어라

| 제3부 |

저무는 문장

저무는 문장

방금 한 말, 잊었다. 바람 소리도 잊었다. 돌아서기 전에 잊어버리는 건망증. 어제는 저녁 놀 같은 어머니를 뵈면서 그 말씀, 숨소리 하나까지 기억하자 했는데, 기록하기 전에 문장이 저물어간다. 훌쩍 떠나가신 아버님의 문장이 그립고 받아 적지 못한 그 마음이 눈물이다. 이제는 받아 적고 싶어도 아버지는 말문을 닫았고, 어머니의 문장은 밤이 낮을 지우듯 어둑어둑하다. 날이 저문다. 한낮의 언어들이 엎질러진 물처럼 지워지고 있다. 담아낼 수 없는 기억의 파편들이 사라지고 사라진 문장은 돌아올 줄 모른다. 오늘도 얼마 남지 않은 어머니의 말씀을 기록 중이다. 문장들이 아지랑이처럼 아물거린다. 어머니, 건강하세요. 한 줄의 문장이 완성되어 한 권의 서책으로, 다시 우리 가족의 문장으로 환생할 때까지, 다시 봉긋 솟은 젊은 날의 유두처럼 꽃이 필 때까지. 그날까지,

산소 가는 길

어머님 모시고 아버님 산소 가는 길
세상 밖으로 나오시는 것도 오랜만이네
산과 들, 논과 밭, 구름과 바람도 고향 가는 길

철없는 아이처럼 엄마 손잡고 묻는다
어머니, 배고프시죠?
응, 씨래기나 먹고 가자
쓰레기요?

어머니, 쓰레기가 뭐예요
시래기라 하셔야죠

쓰레기나 시래기나
푸릇푸릇한 열무도 늙고 병들면
그게 쓰레기지 뭐냐

산다는 건 쓰레기 낳는 일

바람 마시고 눈물 마시고도
남는 건 쓰레기 한 무덤

어떤 흔적

모든 살아 있는 것들은 아버지 같다

피어나는 꽃도 아버지 같고
내리는 비도 아버지 같고
날아가는 나비도 아버지 같고

푹 푹 내리는 눈도 아버지 같고
쨍 쨍 내리쬐는 햇살도 아버지 같고
꿈틀거리는 지렁이도 아버지 같고

눈물도 아버지 같고
거울도 아버지 같고

모든 풍경은 아버지 같다

풍경만이 아니라 생각도 편지도 아버지 같고
나는 다만, 아버지의 아버지의 아버지의 아버지의

흔적일 뿐,

그 흔적이 아버지처럼 살아간다

시래기

처마는 고요하다
한생의 무너짐에 대하여도 흐느낌은 없다

응달에 목을 건 시래기 한 송이
허공의 몸부림에 푸른 꽃잎이 떨어진다
끊임없이 몰려드는 바람의 떼들,
친밀하게 들러붙는 바람의 그림자,
시들어가는 문장들로 가득 차 있다

무관심이 습성이 되었다
심장을 도려낸 육신은 시들고
희망과 절망은 백지 위의 문장일 뿐
어둠보다 더 엄숙하게, 파도보다 더 격렬하게
응달은 고요하다

사형선고를 기다리는 사람은 안다
면벽의 십자가, 못 박힌 사람처럼, 후렴이

궁금하다
백지 위의 문장들이 춤을 춘다
춤추는 불사위, 저녁놀 위로 가지런히 몸을 누인다

동그라미 돌아도 돌아도 동그라미
그래도 당신을 기대하는
나는, 고요하지
펄펄 끓지

잘 익은 육신이 마지막 뒤집기를 한다

어머니의 '미안'

어머니, 안녕하세요 저희들 왔어요
몸은 좀 어때요

괜찮다
너희들만 힘들게 하는구나
애들도 데리고 오지 그랬냐?
요즈음은 내가 자꾸 미안해야
너무 오래오래 산 거 같어야

어머니, 무슨 말씀이세요
어머니가 오래오래 사셔야지요

근디야, 나도 오래오래 살고 싶었어야
손주 녀석 재롱도 보고
그 녀석 장가가는 것도 보고
그렇게 호강하며 살고 싶었어야

어머니, 손녀가 아들을 낳았잖아요

손자도 곧 결혼하잖아요

근디야, 너무 오래 살았는가 싶어야
너무 오래 살아서
너희들 힘들게만 하는 것 같어야
이제 빨리 떠나야 하는디…

어머니, 걱정 마세요
우리 모두 언젠가는 떠나는 거잖아요
살아 계시는 동안 건강하게 사셔야지요

그러지야
근데 자꾸 나이 든 사람들을 보면
내가 미안해야 자꾸만
미안하단 생각이 들어야

(어머니, 그런 말씀 하지 마세요
저희도 언젠가는 그런 말 할 것 같아요)

섣달 그믐날

예가 어디쯤인가, 어디만큼 왔나
섣달 그믐날, 저무는 해를 바라보며
잔설 내린 눈을 감는다

삶은 갈등의 연속선상에서 꽃 피우는 작업이라는
신부님의 말씀을 생각하며
봄부터 겨울까지 몇 계절이 지났는지
이제, 세어보고 싶지는 않다

한 계절 한 계절을 지날 때마다
지갑 속에 몇 장 남은 명함들이 힘겨워 하는 것은
불현듯 그리운 계절들이 떠나가는 소리 때문일까

오늘은 어머님을 뵙고
하얀 세월 앞에 서 있는 나를 보는 듯하여
지갑 다시 꺼내 들어
허허로운 지폐 몇 장 건네 드리고 나니

밖은 벌써 하루가 도망가고 있었다

안 보면 병인 양하던 사랑의 계절도
아웅다웅하던 시련의 시간도
돌아보면 꿈속의 일인 양
낡아 버린 추억의 앨범처럼
손때 묻은 먼지들이 뒤척이고 있었다

이제는 계절에 순응해야겠다
허허롭다 외롭다 하는 것도 사치라는
괴롭다 아프다 하는 것도 행복이라는
한 해의 끝자락, 섣달 그믐날

삐끗

선달 그믐날,
종이 한 장 같은 작은 선물을 갖고
어머님 집에 들어서던 때 선물 보따리 매듭이 풀리려 한다
그 매듭 잡으려 하던 순간
아차,
그만, 허리가 삐끗!
정초부터 허리가 아프다
중심이 흔들리니 바로 서기가 힘들고
엉금엉금 기어서 가야 하고
살살 허리를 숙여 걸어야 한다

어머니, 작다고 다 작은 게 아닌가 봐요
허리가 삐끗하다니
이제 작은 것도 무거우니
큰 것은 꿈꾸지 말아야겠어요
괜한 욕심 부리다가는 큰코다친다는
어머님의 호된 꾸지람 같아서
가만가만 허리의 능선을 더듬어봅니다

목에서부터 꼬리뼈까지 내려가다가
허리춤에서 마주치는 3, 4번의 허리뼈
몸의 균형을 유지하기 위해
오늘도 중심을 지키느라 힘이 듭니다

우리의 삶도 어느 능선쯤에 허리뼈가 있을 터
지금이 바로 그때가 아닌가 싶습니다
돌아보면 50세 60세도 금방이고
80세 90세도 금방일 것 같은데
왜 아직, 매듭을 풀지 못하고
풀어질까 노심초사하는 걸까요
차라리 집 밖의 들풀이 부럽기도 합니다
정월 초하루,
허리처럼 마음도 삐끗하지 않도록
집 안의 모든 등불을 끄고 촛불을 켭니다
상앗빛 굳은 심지가 어둠을 활활 태우고 있습니다

솎다

텃밭에서 배추 상추 고추 잎들을 솎아내다가
솎아낼 일이 어디 이것뿐이겠는가 생각하다가
세상에서 솎아줄 것들이 도처에 널려있음을 본다
차마, 그 대상을 일일이 다 말은 못하겠지만
우리가 가던 길목에도 솎아줄 것이 많고
내 삶의 주변도 솎아줄 것이 많고
내 마음 속의 기억들도 솎아줄 것이 많지만
그중의 나, 내 마음부터 솎아주어야겠다는 생각
불현듯 들어
쇠주 한 잔 붙들고서 지나온 내 삶의 자취를
비추어 본다
파노라마처럼 펼쳐지는 내 삶의 풍경들
때론 비바람이 불고 꽃도 피었지만
초라한 내 생각의 몰골을 바라보면서
이제 하나둘 정리할 시각이 가깝다는 생각에
나를 조용히 내려놓으며
석양이 빚어놓은 수채화 속으로 물들어 간다

아버지

아버지의 아버지의 아버지가 그러하듯이, 아들의 아들의 아들이 그러하듯이, 너와 나는 자꾸만 한 방향으로 깊어간다. 너는 날마다 아버지가 되고 나는 아버지의 아버지가 되어가면서 겨울이 가고 봄이 오듯이 우리는 자꾸만 가고 또 와서 가을은 익어가고 겨울은 눈이 부셔. 가끔은 이냥 이대로 눈발이 휘날리듯 내리다가 눕다가 녹아내리듯 어느날 어디 어느쯤에 밥 한 공기 놓이듯 제사상의 아버지의 아버지의 그리움처럼 나도 그냥 쏟아지고 싶어라. 이제는 다정한 소풍길도 돌아보며 이쯤에서 잘 다녀왔다고 겨울날의 군고구마처럼 인사하고 싶어라. 철 없는 철 없는 담배연기처럼 무작정 떠나가고 싶어라. 떠나가다가 그만 흔적도 없이 정말 떠나버리는 물안개처럼 우리도 어쩜 그런 사랑에 불과하거늘, 강가의 잔물결은 속 깊은 여인처럼 소리도 없이 흘러가는데, 석양만 홀로 뒤척이다가 울먹이다가 그냥 까맣게 울어버리는,

아버지! 아버지!

이명

삶을 기울여보면
적막 속에서도 어떤 소리 들린다
적막강산에서 들려오는 발자국 소리

혹여, 누가 왔나
귀 쫑긋 기울여 본다
내 안에 누가 숨어들어 온 것인지
나도 모르는 또 다른 내가 있는 것인지

흘러가는 물결소리처럼
저물어가는 하루의 뒷모습처럼
이제 때가 되었다고 쏟아져 나오는 알람 소리

날이 저문다 밤이 오겠지
적막할수록 깊이 울어대는
저 끊이지 않는 낡은 생명, 기인 울음은
대체 누구일까

그 깊은 울음의 원천은,

숭늉을 마시며

죽은 것들이 냄새를 피운다. 노릇노릇 제 몸 태우며 말라간다. 그 몸 달게 달게 먹으며 산자의 영혼을 생각한다. 가끔 그 몸 한 올 한 올 풀린 물 한 잔을 마시며 그와 하나가 되어가는 느낌을 받는다. 몸속에 몸을 집어넣고 살아가는 사람들은 보이지 않는 터널의 끝을 응시한다.

하루의 수고를 내려놓으며 알았다. 한 생명이 생명의 능선을 타고 좁은 계곡을 거쳐 다다르는 그곳, 비움의 자리에서 비워지는 나를 보았다. 서로서로 밀어가며 사라지자고 흘러가는 물줄기들의 깨끗한 언어를 보았다.

생명의 끝, 혹은 죽음의 시작.

식사를 할 때마다 어디선가 바람 소리처럼 들려오는 낮은 숨소리, 꽃이 질 때마다 흔들렸던 숨소리들이 제자리를 찾아가느라 내 몸에서도 노릇노릇한 냄새가 번져오고 있다.

소망원에 다녀와서

아름다운 사람을 만나면
한 편의 시보다 아름답다는 생각을 합니다

해맑은 어린아이나
꽃 같은 여인을 볼 때마다
한 편의 시보다 아름답다는 생각을 합니다

사실,
아름다운 꽃이라든지
파란 하늘의 구름이라든지
아침 이슬이라든지
물안개 같은 것을 보면

한 편의 아름다운 시를 보는 것 같다는 생각은
나 혼자만의 생각은 아닐 것입니다

구정 며칠 전날엔

연례행사처럼 소망원에 다녀왔는데
참 아름다운 것을 보았습니다
시각장애인들이 점자책도 읽고
걸레질도 하고 있었는데
그 분들 얼굴에서 평화와 기쁨과 감사하는
마음을 보았습니다

사실, 그 분들의 미소는
아름다운 꽃보다 더 예쁘고
파란 하늘의 구름보다 더 부드럽고
아침이슬보다 더 영롱하고
물안개보다 더 신비스러웠습니다

그러고 보면
아름답다, 행복하다 하는 것도
감사하다는 마음에서 시작되고
어린아이의 해맑은 미소도

맑은 마음에서 시작되는 것인가 봅니다

그 분들의 미소는 못 보는 자의 한숨이 아닌
감사의 기도가 응답하는 천사의 날갯짓이었습니다

흙밥

너는 흙을 먹고 자라고

나는 너를 먹고 자라고

흙은 나를 먹고 자라고

몽롱주점에 가고 싶다

파도 소리 들으며 저물어가는 주모 한 사람
거기, 있을 터이니
산전수전 안주 한 접시 시켜놓고
탁주 한 사발 따라주고 따라 마시며
탁주 안의 파리처럼 철없이 빠져들고 싶다
몽롱한 하루를 건너고 또 건너서
하루라는 숙명처럼 숙명이라는 너처럼

날마다 하루를 잉태하고 하루를 출산하는 저무는 주모
뱃고동 소리 같은 입담에다 탁주 한 사발이면
또 하루가 질펀하게 취하겠다
거기, 사람과 사람 사이에 꽃이 피고 꽃이 지는데
다정한 탁주 한 사발 석양처럼 엎어지고 넘어지는데
탁주 한 사발 자작하며 편지를 쓰고 싶다

그립고도 외로운 말들이 탱탱하게 입력되어 있는
몽환의 안개 벗 삼아 한 잔 또 한 잔 마시다 보면

기다리던 사람도 봄비처럼 스며들 것 같은데
떠나지 못한 편지들이 우수수 몰려올 것만 같은데
오늘은 비에 젖고 술에 젖고 내 안의 통점에서 젖는다
나도 빗방울이 된다

돈

퇴근하고 가다가 술집에서 그를 보았다
부글부글 끓고 있었다
끓다가 늘어지다가 오므라진 그는
할 말을 잃고 있었다

술집 건너가게 진열장에서 그를 보았다
몸은 발가벗겨졌고 쭈뼛쭈뼛하던 털까지 깎아
진열장에 놓여 있었다
할 말을 잃은 듯했다
이렇게 잔인할 수가 있느냐고
이렇게 발가벗길 수가 있느냐고

며칠 후 친구 사무실에서 그를 보았다
몸통은 사라지고 얼굴만 내밀고 웃고 있는
황망한 모습을 보았다
큰 절을 하였다
무수히 쏟아지는 혀들이 머니? 머니! 하였다

만 원짜리 지폐를 다발로 문 암퇘지 하나
서걱서걱 웃고 있었다

화려한 외출

어젯밤 꿈속에서 한 사람을 만났는데
간도 쓸개도 없는 한 사람을 만났는데
초승달처럼 웃고 있었다

탁주 한 사발에 호탕하고 선량했던 그였는데
허허허 웃음 속엔 평화가 깃들었던 그였는데
우울을 못내 사랑하여 우울 씨가 된 그였는데

정신병동에서 설핏 스치고 지나갔던 것 같았는데
이제, 우울을 잊고 치매를 사랑하게 되었는데
앳된 웃음 머금고 꽃 진 청년이 되어가고 있었는데

멀쩡한 간과 쓸개를 가진 자들만
타오르는 불빛 속으로 질주하고 있었다
간도 쓸개도 활활 전력 질주하고 있었다

벚꽃

차창 너머에서 한들거린다
흐드러지게 피어서
어서 오라고 날 보러 오라고 춤을 춘다

가지마다 꽃을 피워 그 사이로 하늘을 보라고
황사에 뒤덮인 마음을 씻고 보라고
톡, 톡, 팝콘처럼 웃는다

봄날이 봄날 같지 않아도
흐드러지게 웃으라고
가지마다 연분홍빛 윙크를 날리며

파안대소한다

| 제4부 |

분수

소곡과 소고기

어젯밤 한숨도 자지 못한 나에게
레스토랑에서 외식을 하자는 당신,
당신은 홍얼홍얼 음악을 감상하며
이 곡이 뭔 줄 알아?
민망스레 묻는 당신에게
나는 돼지 뒷다릿살이라고 얘기했지요
토실토실한 암퇘지 같다고나 할까
순간, 당신의 눈빛은 경멸!
삼류를 바라보는 눈길 같았어요
나는, 순간 아찔하여
소고긴가 했지요
그때야 비로소 미소를 띠는 당신
우린 그렇게 한 생을 살아가면서도
곡과 고기도 구별 못 하며 살았어요
슬픈 소곡이지요

탱고

슬로우 슬로우,
길은 에둘러 가는 거라고
퀵퀵,
길은 때론 서둘러 가야 하는 거라고

그러다 보면
엉키고 풀리고 청명하고 우울하겠지요

음반은 돌아가고
당신의 호흡이 내 호흡을 감싸고
부드럽게 부드럽게 넘어갈 적에
지난밤의 음률들이 물안개처럼 스멀거립니다

길 위의 동반자로서
슬로우 슬로우 퀵퀵,
한 바퀴 돌 때마다 당신의 눈물이 흐르고
한 바퀴 돌 때마다 당신의 웃음이 피어나고

〉

물안개가 떠나면 당신이 돌아올까요
관객도 없는 무대에서
가로등만 띄엄띄엄 조명등을 켜고
배경처럼 흘러갑니다

슬로우 슬로우 퀵퀵,
발이 꼬일 때마다 우리의 길목도 꼬이겠지요
꼬이다가 풀리면
탱고!

큐 사인 따라 당신과 나의 거리도
한 글자 한 문장씩 지워지다가
자, 다시 한 바퀴

슬로우 슬로우 퀵퀵,

분수

마음이 부서지고 무너져서 더 이상 부서질 그 무엇이 남아 있지 않을 때, 눈물의 형상으로 치솟아 오르는 것을 분수라 하자. 하면, 분수는 마음의 다른 이름. 그 울음이 울음을 잊고 물보라가 되고 바람에 휘날리다 한 송이 꽃으로 피어나고 춤을 추다가 솜사탕처럼 햇살과 살을 섞을 때쯤엔 황홀한 마음에 무지개가 되기도 한다지. 그러다가 저녁이 오면 자신의 존재를 다시 돌아보며 제풀에 꺾여 조용히 몸을 낮춘다지. 눈물도 멈추고 몸도 거두어 허공이 된다지. 세상 어디에도 내 흔적은 이제 찾을 수 없을 거예요. 당신의 빛바랜 추억이 나를 잊었듯이 물방울 같은 당신과 나. 햇살이 잠시 연애중일 때 따뜻한 기억을 찾은 것처럼 각자의 길을 떠나는 거지. 하지만 당신도 그러하겠지. 해 질 무렵 가만가만 손잡고 숲속의 길이 끝날 때까지 걸어가고 싶었다고. 그러나 시간이 갈수록 서로의 눈길은 멀어지고 나는 낙엽 진 길을, 당신은 그림자진 길을 홀로 걷기 시작하더군요. 이건 아닌데, 이건 아닌데, 마음은 되뇌고 되새김하지만 내 발은 습성처럼 낙엽 진 길을, 당신은 그림자 진 길을 무슨 거창한 사색가처럼 걸을 뿐, 우리의 첫발은 돌아오기 위하여 떠나는 것이지만 어쩌면 우리, 잡고 싶어도 잡을 수 없을 즈음에 눈만 깜박거리며 그건 아니었어. 이슬로 내려앉는 분수처럼 우리의 영혼도 그렇게 내려앉을까. 잠깐 무지개 떴던 날 생각하며 희미한 언어들, 이건 아닌데, 아니었는데, 바람에 나부끼고…

공손한 삼식 씨

살다 보면, 밥 묵으시오, 라고
피곤한 듯 진저리 난 듯
가을철 바가지 깨지는 소리가 들린다
그 때마다 나는 순한 짐승이 되어
꼬리를 낮추고 공손하게 식사를 한다

공손!
밥그릇에 두 손을 올리며
여기까지 왔는데 거기까지 못 가랴
이중의 의문표를 던지며
순종과 항거의 침묵이 몸 구석구석
사르르 살얼음이 어는 것이다

봄이 오길 기다리며 창문을 연다
능수버들이 머리를 풀어 잠수하려는 듯
살짝 기울고
나도 생각의 가지를 뻗어 잠수한다
밥 묵으시오! 화두를 붙잡고

정진! 또 정진!

노을 진 계절에 하루 세끼 밥을 축내며
세끼. 세끼. 를 읊다 보면 나도 새끼가 되고
집 지키는 늙은 똥개 새끼가 생각이 난다
밥 묵으시오! 화두가 흔들린다
이러면 안 돼. 화두를 견고히 붙잡고

다시 밥상에 앉는다
축 처진 꼬리를 살짝 흔들며
똘랑똘랑한 눈동자로 겸허히 밥상에 앉은 삼식 씨

밖엔 보슬보슬 비가 내리고
한 입 한 입 수저를 가져가며 하루를 적신다

아내의 눈동자가 젖어 들어간다
한층 공손해진 입술이
한층 공손해진 바닥처럼
말을 잃었다

내비게이션

익숙한 동행길이었어 그런데
이놈이 나보고 자꾸만 이래라저래라 하데
그래서 가라고 보기 싫다고 배꼽 꾸욱 눌러 버렸지
참 신기하데 스르륵 봄볕에 병아리 졸듯이 고개 숙이데

고놈 가고 나니 잔소리꾼 우리 마누라 사라지듯
홀가분하고 시원하데 편하더구먼

그러다 한참 지났지 한참 가는 길인데
어둠이 내리더라 앞길 막는 어둠이 내리더라

갑자기 생각이 난 거였어
마누라가 보고 싶다는 거
이제는 마누라 없이는 혼자 살 수 없도록
이미 길들여져 있다는 걸

아내의 기도

기도하는 당신을 보며
당신은 참 기쁘겠다 생각했습니다
진실로 믿고 사랑하는
그런 임 하나 있어서,

어느 날 나도 당신처럼
기도를 하였습니다
십자가 하나 가슴에 꼬옥 품고

그날 이후 나도 아팠습니다
매일매일 기도하는 당신을 보며
그동안 참 많이 아팠나보다
그런 생각에,

와락, 안아주고 싶었습니다
촛불을 켜고 기도드리는 당신의 뒷모습이
하도 적막하여,

모닥불

모닥불, 하고 혀 안에서 소리를 굴리다 보면, 서글프다.
사그락사그락 불타는 소리가 들린다.
그 소리, 단풍잎들의 속삭임 같다.

모닥불이 타오르는 모습을 바라보고 있으면, 아프다.
활활 불타오르는 모습이 다닥다닥, 옹기종기 모여서
서로 응집하는 단풍잎 같다.

모닥불이 응집하는 모습을 바라보고 있으면, 위안이 된다.
서로서로 온기가 되어 타오르는 황혼의 부부 같다.
황혼의 부부가 껴안으며 떠나가는 사별의 무대 같다.

안녕, 괜찮아. 괜찮을 거야. 서로서로 위안이 되어가면서
따뜻한 품이 되어가면서 하나의 재로 돌아가는 모닥불
나도 어느 날, 당신의 가슴에서 마지막 불씨를 재울 수 있을까.

그 날까지, 그 순간까지,

나는 당신의 따뜻한 그 무엇이었으면 싶다.

우리의 황혼이, 마지막 날 저녁이,

못

관통을 원한다
밀고 가려는 나와 밀어내려는 너 사이
잠시 적막을 응시한다
너의 숨결을 심장의 두근거림을

맺어주고 싶다 벽과
또 다른 벽
뚫지 않으면 연결되지 않는
견고한 고독을 깨트리고 싶다

걸어두고 싶다
너의 단단한 마음 위에
한 폭의 수채화를
십자가를

관통하고 싶다
단단해진 너와 무한히 단단해진 내가

연결되고 싶다
함께 가고 싶다

가을의 기도

촛불을 켜고 기도를 합니다
바람이 불어옵니다
흔들릴 때마다 눈물이 고입니다

명상에 잠깁니다
조금씩 삶도 녹아내리는 거라고
추억으로 가는 길에 노을이 집니다

흘러내리는 눈물을 바라보다가
나도 생각의 가지를 하나하나 놓아주면서
머잖은 겨울을 준비합니다

아이들도 하나둘 울타리를 만들어 떠나가고
아내도 말이 적어지고 추억처럼
눈이 내리겠지요

그렇게 시간이 흐르다 보면

촛불도 하나둘 꺼지겠지요
울음도 제 생명을 다하듯 멈추겠지요

생生

양파에는 베일이 있지. 여인의 층계가 숨 쉬고 있지. 한 잎 베어먹고 싶은 욕망이 가득한 밤, 층계를 한 계단씩 내려가다 보면 스멀스멀 기어오르던 몽환의 안개, 한 잎 안개를 벗기면 살짝 들어내던 살 시린 사연, 한 잎 베어 물자 양파는 파르스름하게 떨었지. 목구멍 깊숙한 곳까지 살얼음이 휘젓는 순간, 오르가슴을 느꼈지. 나는 양파의 중심을 벗기고 싶었던 거야. 한 잎 한 잎 벗기고 또 벗겼지. 벗길 때마다 밖은 눈이 휘날리고 있었지. 어둠도 깊이를 더해 가고 마침내 양파는 훌훌 옷을 다 벗어 버렸지. 허공 한 줌 뿌려 놓은 거야. 우리도 어쩜 매일 옷을 벗고 있는 걸까. 누군가 생각의 층계를 벗기면서 깊이를 알 수 없는 안개밭을 걷고 있는 걸까. 자꾸만 벗겨지는 중심. 자꾸만 흔들리는 층계. 슬픈 자화상이지.

시인

미안하다
뭐라 말할 순 없어도
글 쓰는 집안이라 가난하다는
목월의 아내 얘기 아니더라도
삶은 충분히 가난하구나
가난하여 삼경이 넘도록 초승달은
배가 고프고
구름 사이로 유영하는구나

미안하다
오늘, 뭐라 말할 순 없지만
왼 어깨론 허공을 밀고
오른 어깨론 공허를 밀고
노트를 적시구나
훗날, 혹 시간이 나거든
말 없는 말을 짚어보아라
가끔은, 문장 속으로 놀러 오너라

딸의 독서

딸이 책을 읽는다

후루룩후루룩 읽는다

하루에도 몇 권씩 후루룩후루룩 읽는다

맛있게 맛있게 읽는다

바라보는 내가 배부르다

안 오네

안 오네, 전화를 해도 문자를 보내도 안 오네. 오지 않는 곳으로 내가 가네. 안 오는 그곳에는 바람이 불까, 비가 내릴까, 어제의 사람이 오늘의 사람이 아니라고, 안 오네. 길목마다 눈이 내리네. 아, 눈 눈. 눈들이 창문을 때리네. 창문을 노려보네. 더는 못 가겠네. 가던 길 돌아오네. 돌아오는 길목에 그림자 지네. 창밖 그림자 생각이 안 나네. 그림자가 먼저 달려와 전화를 받네. 오네, 오네. 그림자 술을 마시네. 그림자를 마시네. 눈이 젖네. 눈이 붓네. 풍경 속으로 걸어가네. 걸어가는 틈새마다 젖은 눈들이 바라보네. 돌들이 발목을 잡네. 나도 돌이 되어 입술을 부비네. 돌이 무너지네. 무너지는 돌에도 말랑말랑한 속살이 있네. 속살이 검게 타들어 가네. 타들어 가는 것을 붙잡고 하루가 고요하네. 다시 한 번 문자를 날리네. 대답인 양 젖은 눈이 내리네. 젖은 눈이 내리네, 안 오네.

스펙트럼

이국의 아이가 별이 안 보인다고 전화를 했을 때, 혹은
달이 안 보인다고 전화를 했을 때
멀리 아비는 별을 보여 주마.

왼 어깨로는 어둠을 지고 오른 어깨로는 구름을 지고
세찬 강물을 밀어간다.

얼굴과 얼굴 사이에서 햇살이 피어나고,
허공과 허공 사이에서 강물이 흘러가고,
등 뒤가 어두워 돌아다보면

첫 단추는 삐익삐익 누군가의 신호등만 기다리고,

이국의 아이가 밤이 주검처럼 외롭다고 전화했을 때, 혹은
낮달이 흐르는 구름처럼 외롭다고 전화했을 때,
아비도 앵무새처럼 말하고 싶었지만,

〉

왼발로는 어둠을 밀고, 오른발로는 구름을 밀고,
달빛 흐르는 강물 속으로 들어가고 있었다.

마지막 문장

흰 종이 있네, 그 위에 한 남자가 오랫동안
낯익은 얼굴로 편지를 쓰네
남자의 정수리 위로 바람이 불고 눈이 내리고
그 남자, 가끔은 뒤를 돌아보며
고요의 입술을 들썩이네

삶의 무게가 하얗게 풀어놓는 문장 사이를
한 마리의 개미가 행간을 짚어가고 있네
문장 위에 어둠이 내리고 가끔은 싸락눈이 내리네
상상이라고 해도 좋네
어차피 추억도 상상의 한 부류라네

남자가 써 놓은 문장의 정수리에
메리 메리 쫑, 오줌을 누네
잘도 잘도 스며드는 문장들
똥을 누네, 한 편의 수채화가 그럴 듯하지 않는가?
〉

바라보는 남자의 목에 걸린 목걸이
메리 메리 쫑, 보다는 무거운 번호일 걸세
메리 메리 쫑, 의젓하게 문장을 열고 나가고
메아리 없는 문장이 도착하고
한 잔의 독주를 마시고
쓸쓸한 문장이 남네

저물기 시작하는 문장과
한 잔의 술과
타오르는 사색

낙화하는 마지막 문장이 선명하다

순천만

굽이굽이 흐르는 순천만은 여인의 S라인을 닮았다
직선의 삶을 살지 못하여 곡선으로 떠밀려 온 삶을 닮았다
왜 순천만은 직선을 두고 아리랑 곡조 같은 음률로 흘러
왔을까
왜 순천만은 진흙탕 같은 세월을 흐르면서 붉은 능금처럼
빛날까

굽이굽이 흐르는 만을 바라보고 있으면 우우 우는 소리가
들린다
바람이 불 때마다 우우 우는 저 소리들, 무슨 사연이 있는
걸까
흐르는 물소리도 숨죽이는 저 곡조들, 웅성거리는 저 신음들,
진흙탕 같은 세월을 흐르면서 쉼 없이 키워가는 갈대숲의
저 노래들,

굽이굽이 흐르는 만을 바라보며 흘러왔던 시간을 생각한다
직선도 곡선도 때가 되면 같은 자리에서 만나더라

누구는 골목길을 돌아돌아 어깨동무하며 휘파람을 불고
누구는 큰길을 직선으로 달리고 달려 숨이 헉헉 차오르고

순천만은 가장 낮은 바닥에서 가장 낮은 자세로 흐른다
구름처럼 이리 기웃 저리 기웃 기웃거리다가 깔깔 웃어주고
구경 나온 사람들처럼 시간도 정지된 듯 안단테로 노래하고
구름 같은 사람들에게 함께 걷자며 천천히 천천히 곡선으
로 흐르고

|해설|

공손한 소시민의 고독

박철웅의 시세계

진순애 | 문학평론가

문득 '소시민의 반대어는 뭘까?'라는 생각이 든다. 대시민일까? 우리는 소시민으로 살면서 대시민을 꿈꾸는가? '소'보다는 '대'가 더 나을 터이니 소시민이 꿈을 꾼다면 그것은 필시 대시민이어야 할 터이다. 그러나 대시민이란 말은 낯설다. 사용해본 적도 들어본 적도 없는 것 같다. 소시민이 있으면 반드시 대시민도 있어야 할 터이거늘 소시민에 대립하는 단어가 대시민이 아닌 것은 분명해 보인다.

박철웅의 시는 진정 소시민의 목소리가 지배한다. 공손하고 고독한 목소리다. 그러나 그렇다고 대시민을 꿈꾸는 것 같지도 않다. 그의 시는 소시민의 소시민적, 게다가 자조적일 뿐이다. 그럼에도 그 울림이 만만치 않다. 그 만만치 않은 울림 속에 대시민을 꿈꾸는 목소리는 왜 없는가? 없을 뿐만 아니라 왜 자조하는가? 그 이유를 찾아가는 길이 박철웅 시에 대한 올바른 이해가 될 것이다.

> 너를 볼 때마다 결코 굴하지 않겠다는 이자겸이 생각이 난다. 해마다 굴비를 보내면서도 이것은 결코 아부가 아니다,는 선비가 생각이 난다. 굴비를 바라보며 나는 정말 굴하지 않고 있는가, 굴비처럼 가슴에 소금을 뿌리며 햇살과 바닷바람에 잘 말라 가고 있는가, 생각한다. 굴비는 결코 비굴이 아니다. 그저 고품격 조기일 뿐이다. 몸에 기를 살려주는, 그대도 나도 기 좀 살아보자는 마음의 선물일 뿐이다. 내 비록 하루 세끼도 간당간당 하지만 굴비를 보낼 때마다 동아줄 하나 잡은 것처럼 안심이다. 이건 그저, 그대 입맛에 쏙 들기를 바라는 진심일 뿐이다. (한 번 맛을 보면 쑤욱 빠져들어갈 것이다.) 거울을 본다. 굴비가 눈을 끔벅끔벅 거리면서 웃고 있다. 거울에 비치는 굴비, 눈 없는 거울이 굴비 꾸러미를 읽기 시작한다. 비굴비굴 비굴비굴…, (읽히는 굴비가 민망스럽다.) 나는 그럴 때마다 다시 거꾸로 읽는다. 무항산무항심, 입안의 혀를 돌돌 말아가며 나 스스로를 변호한다. 굴비여, 가슴에 소금을 뿌리며 너는 오늘

도 햇살에, 해풍에 잘 말라 가고 있는가

—「거울은 굴비를 비굴이라 읽는다」 전문

거울은 사물을 반대방향으로 반사한다. 우리의 오른손은 거울 속에서 왼손이 되고 왼손은 오른손이 된다. 그래서 '거울은 굴비를 비굴이라 읽는다.' 이런 거울 속의 불가항력적인 오류에도 불구하고 그나마 다행인 것은 우리의 머리가 발쪽으로 가고 발이 머리쪽으로 오지 않는다는 데 있다. 그러니까 거울 속에서 우리는 물구나무 서 있는 형상은 아니라서 우리의 진면목은 아닐지라도 불완전하게나마 우리의 면목을 만나볼 수 있다.

주지하듯 굴비는 '뜻을 굽히지 않는다'는 의미를 지닌 조기의 다른 이름이다. 이자겸이 유배지에서 임금께 조기를 상납하면서 얻게 된 조기의 또다른 이름이 굴비다. 조기는 굴비고 굴비는 이자겸이며 이자겸은 유배된 자다. 이자겸의 굴비는 굴비인가 비굴인가. 어쨌거나 이제 고려시대 이자겸의 굴비는 천여년의 세월을 건너와서 박철웅의 굴비가 되었다. 박철웅의 굴비는 굴비인가 비굴인가. 분간하기 쉽지 않다. '거울이 굴비를 비굴이라 읽는' 까닭에 그러하며 박철웅의 삶이 소시민적인 까닭에 그러하다.

'굴비는 결코 비굴이 아니다. 그저 고품격 조기일 뿐이다.

몸에 기를 살려주는, 그대도 나도 기 좀 살아보자는 마음의 선물일 뿐'이라고 고백하면서도 이내, '내 비록 하루 세끼도 간당간당 하지만 굴비를 보낼 때마다 동아줄 하나 잡은 것처럼 안심'이라고 자조하니 굴비가 굴비인지 비굴인지 분간하기 쉽지 않다. 비록 '무항산무항심'이라고 '입안의 혀를 돌돌 말아가며 스스로를 변호'해도 그 변호 또한 소시민적 고백의 변호로 들릴 뿐이다. 공손한 소시민적 변호 뒤에 남는 것은 고독한 자조이다.

어쩌겠어, 언어의 유희처럼 생을 유희하는 짓을, 이제는 접어두고 싶어. 어쩌겠어. 날마다 창살에는 해가 뜨고 지는 데, 눈만 뜨면 구름은 흐르고 바람은 부는데, 나는 강물의 돛단배처럼 떠내려가는 걸, 그래도 어쩌겠어, 강물도 졸졸 고백하는 데, 바람도 살살 고백하는 데, 모두가 지나가는 거라고, 모두가 떠나가는 거라고, 솜사탕처럼 사랑의 말들이 안개 같은데, 어쩌겠어. 소리며 포옹이며 첫 키스도 다 꿈이라는 데, 오늘도 누군가의 생각으로 바람에 흔들리는 데, 나부끼는 데, 어쩌겠어. 진정해, 진정해. 비처럼 내리는 목소리는 컹컹 울라고 우는데, 울지 않는 생각 있으면 컹컹 짖으라는 데, 나는 미치지 못하여 미치는 데, 슬슬 미쳐가는 데, 누군가 부르는 손길, 누군가 손짓하는 목소리, 어쩌겠어. 아이처럼 작아지는, 작아지다가 사라지는, 저 능선에서 불어오는 엄마의 목소리, 아이의 목소리, 안개처럼 젖다가 젖어 혼자 가는 돛단배, 이것이었다니, 이런 것이었다니. 오늘도 눈을 뜨면 바람은 불고 비는 내리고 꽃은 피는 데, 나는 거울처럼 바라만 보고 있는데, 손짓하여도 소리쳐도 안 오는 데, 움직일 수도 없는 데, 어쩌겠어, 어쩌겠어.

—「어쩌겠어」 전문

'삶이 유희'라고 귀결짓기 이전에 삶이란 희노애락을 싣고 바람 부는 바다를 건너는 돛단배와 같을 것이다. 기쁨도 있고 슬픔도 있으니 '살아볼만 하다'고, 행복은 불행이 있어서 행복하고 불행은 행복이 있어서 불행하니, 그러므로 '살아봐야 한다'고 소시민은 소시민적으로 주문을 주입하며 삶의 바다를 건넜을 것이다. 삶이 유희라고 귀결짓기 혹은 귀결지어지기 전까지는 분명 그러했을 것이다.

누군들 삶이 유희라고 부동의 마침표를 찍고 싶겠는가. 유희처럼 초월적이지 않고서야 삶의 무게에 눌려서 쥐포처럼 형체조차 분간할 수 없을 터이니 어쩌지 못해 이르는 소시민의 심리적 귀결이 유희이리라. 유희의 웃음 뒤에서 삶은 슬픔의 눈물을 흘리며 '어쩌겠어'라고 소리없는 아우성을 소리하리라. 소시민으로 살아온 박철웅의 삶이 그러하며 소시민의 삶이 그러하다. 삶은 한바탕 유희였던 혹은 유희이며,

유희 뒤에 남는 것은 공손한 고독이다.

"나는 강물의 돛단배처럼 떠내려가는 걸, 그래도 어쩌겠어, 강물도 졸졸 고백하는 데, 바람도 살살 고백하는 데, 모두가 지나가는 거라고, 모두가 떠나가는 거라고"처럼 인간의 고백은 강물의 고백이나 바람의 고백 안에 있으므로 박철웅의 고백 또한 그에 준한다. '강물의 돛단배가 떠내려가듯' 박철웅도 소시민도 대시민도 시간의 바람따라 떠내려갈 수밖에 달리 도리가 없다. 그러므로 대시민을 향한 소시민의 꿈이 박철웅의 시에 부재한 것은 당연한 이치이리라.

눈이 내린다. 나는 그녀에게 편지를 쓰고 그녀는 나에게 편지를 쓴다. 그녀는 목포에 있고 춘천에 있고 눈 내리는 진양호에 있고 명동에 있고 포장마차에 있고 내 안 어딘가에 산다. 오늘은 그녀를 찾아 기차를 타고 버스를 타고 진주에 간다. 그녀는 버스터미널 2층 카페에서 차를 마시고 있고 그녀는 나를 못 본 체하고 나도 그녀를 못 본 체하고, 그녀는 너무 변했고 나도 너무 변한 듯하다. 바람이 불고 낙엽이 지고 그녀는 손자를 안고 이야기하는 밤, 아이는 할머니를 함미라 부르고 할아버지를 합삐라 부르고 밖은 계속 비가 내리고 있고 나는 다시 편지를 쓰고 그녀도 편지를 쓰기 시작한다. 당신 너무 변했군요. 나는 오랫동안 기다렸는데, 빗소리를 들으며 아이의 눈을 바라보고 있었는데, 당신의 커피까지 한잔 더 주문하여 마셨는데 당신의 그림자는 어디에도 없고 어떤 나이 든 사내만 함박눈 휘날리듯 왔다 갔다 하는 데, 당신은 끝내 보이지 않고 낯선 사내는 자꾸 스쳐가고, 순이야. 바람이 차다. 그곳은 재개발되어 옛날 카페는 없고 옛날 이름도 없고 옛날 그림자도 없고 낙엽만 바람에 흔들리고 있고 날은 저물었다. 오늘 나는 다시 편지를 쓰고 밖은 여전히 눈이 내리고 있고 내 안의 너는 그대로 아름다우니 그거면 됐다. 되었다. 예쁜 순이야, 오늘도 술 한잔 하며 너를 만나는 꿈을 꾸고, 너는 어느 적막한 길 위에서 함박눈 소식을 기다리고 있을지 모르지만, 함박눈이 되어 내리고 싶지만, 가로등에 비친 눈발만 손을 흔들며 사라진다.

—「순이 생각」 전문

시간에 떠밀리고 비굴에 떠밀리면서 소시민은 무엇으로 살아가는가. 박철웅은 '순이 생각'으로 산다. 순이와의 추억이 있어서 소시민 박철웅의 실존이 가능하다. 순이에게 편지를 쓰고 순이도 박철웅에게 편지를 쓴다. 순이와의 추억은 '목포에도 있고 춘천에도 있으며 눈 내리는 진양호에도 있다. 명동에도 있고 포장마차에도 있고 내 안 어딘가에서 영원히 산다.' 영원한 것은 순이와의 추억뿐이다. 그럼에도 순이와의 영원한 추억이 있어서 소시민인 박철웅의 고독은 순간적이나마 초월에 이른다.

그러나 그러면서도 순이와의 추억이 현실의 만남이 되는 순간 순이와의 추억은 남루한 삶이 된다. '그곳은 재개발되어 옛날 카페는 없고 옛날 이름도 없고 옛날 그림자도 없고 낙엽만 바람에 흔들리고 있고 날은 저물었다.' 그러므로 박철웅은 '오늘 나는 다시 편지를 쓰고 밖은 여전히 눈이 내리고 있고 내 안의 너는 그대로 아름다우니 그거면 됐다.'고 자조한다. 비록 그리운 순이는 '재개발로 사라진 카페'처럼 사라졌어도 순이와의 추억은 영원한 것이 되어 '내 안의 추억'으로 살아 있다. 그럼에도 그리운 추억 속에서 고독은 배가된다. 재개발되어 사라진 카페처럼 순이와 함께했던 원형의 시간도 그러한 때문이리라.

> 안 오네, 전화를 해도 문자를 보내도 안 오네. 오지 않는 곳으로 내가 가네. 안 오는 그곳에는 바람이 불까, 비가 내릴까, 어제의 사람이 오늘의 사람이 아니라고, 안 오네. 길목마다 눈이 내리네. 아, 눈 눈. 눈들이 창문을 때리네. 창문을 노려보네. 더는 못 가겠네. 가던 길 돌아오네. 돌아오는 길목에 그림자 지네. 창밖 그림자 생각이 안 나네. 그림자가 먼저 달려와 전화를 받네. 오네, 오네. 그림자 술을 마시네. 그림자를 마시네. 눈이 젖네. 눈이 붓네. 풍경 속으로 걸어가네. 걸어가는 틈새마다 젖은 눈들이 바라보네. 돌들이 발목을 잡네.

나도 돌이 되어 입술을 부비네. 돌이 무너지네. 무너지는 돌에
도 말랑말랑한 속살이 있네. 속살이 검게 타들어 가네. 타들어
가는 것을 붙잡고 하루가 고요하네. 다시 한 번 문자를 날리네.
대답인양 젖은 눈이 내리네. 젖은 눈이 내리네, 안 오네.

—「안 오네」 전문

'안 오네'라는 독백에는 기다림이 내재되어 있다. '기다리네'의 반대어가 '안 오네'이다. 그렇다면 기다리는 것은 무엇인가. 전화를 기다리고 문자를 기다린다. 그러나 전화는 안 오고 문자도 안 온다. '속살이 검게 타들어 가고, 타들어 가는 것을 붙잡고 하루가 고요하고, 다시 한 번 문자를 날려도' 기다리는 전화도 문자도 안 온다. 오는 것은 고독과 함께 오는 '젖은 눈'일 뿐이다.

기다리는 것은 원래 안 온다. 안 오기 때문에 기다리는 것이고 때문에 기다림은 더욱 간절해진다. 기다리는 것이 오는 때는 기다림이 끝났을 때이거나, 아니면 아예 안 온다. 그럼에도 기다린다. 간절하고 고독한 기다림에 내재된 그리움이 소시민의 삶을 지탱하게 하는 힘이므로 기다린다. 기다릴 수밖에 달리 방안이 없으므로 기다린다. 박철웅은 기다리는 그리움이 '내가 살아가는 힘'이라는 고백을 '안 오네'라고 한다. 기다리는 박철웅이 할 수 있는 일은 '안 오는 까닭'을

궁금해 하는 것뿐이다. 소시민은 그리움 앞에서 여전히 공손하다.

내 안에는 수많은 생명이 산다. 꿩도 살고 노루도 살고 돼지도 살고 능금도 살고 살구도 살고 멸치도 산다. 그러니까 나는 내가 아니기도 하고 나이기도 하다. 나는 돼지이기도 하고 소이기도 하고 꽁치이기도 하고 바이러스이기도 하고 쌀 한 톨이기도 하고 눈물 한 방울이기도 하고 바람일 수도 있겠다. 그러면 나는 우주라 하기 보다는 축사에 가깝고 동물원에 가깝고 쓸쓸에 가깝다 할 것이다. 하면 나는 들풀 같은 것이고 그 아무것도 아니라고도 할 수 있을 것이다. 그러므로 나는 어디에도 없고 어디에도 있으니 내가 들풀에서 자라고 메뚜기 안에서도 자라고 강아지 안에서도 자라고 두더지 안에서도 자랄 것이다. 하여, 나는 없다 하기에는 곳곳에 많고 많다 하기에는 어디에도 온전히 없다, 할 것이다. 그리고 나는, 곳곳에 휘날리는 눈발이기도 하고 바람이기도 하고 너이기도 하고, 그 아무 것도 아니기도 하고,

—「그리고 나는,」 전문

땅과 하늘 사이에는 '과'가 있다. '과'에 의해서 '땅과 하늘'은, '너와 나'는 하나로 관계맺는다. "사고가 언어를 지배하는 것이 아니라 언어가 사고를 지배한다"는 사피어와 워프

의 말처럼 언어가 '땅과 하늘'을, 그리고 '너와 나'를 연결시킨다. 그러므로 시인인 박철웅의 안에는 수많은 생명이 함께 산다. '꿩도 살고 노루도 살고 돼지도 살고 능금도 살고 살구도 살고 멸치도 산다.' 그런데 문제는 언어에 있다. 언어에 의해서 '내 안에 꿩도 살고 노루도 살고 … 멸치도' 삶으로써 문제가 발생한다. '그러니까 '나는 내가 아니기도 하고 나이기도 하다. 나는 돼지이기도 하고 소이기도 하고 꽁치이기도 하고 바이러스이기도 하고 쌀 한 톨이기도 하고 눈물 한 방울이기도 하고 바람일 수도 있겠다.'는 문제가 발생하는 것이다. '나는 내가 아니기도 하고 나이기도 하다'는 의식은 고독한 문제가 아닐 수 없다.

궁극에는 '그러면 나는 우주라 하기보다는 축사에 가깝고 동물원에 가깝고 쓸쓸에 가깝다 할 것이다. … 그러므로 나는 어디에도 없고 어디에도 있으니 내가 들풀에서 자라고 메뚜기 안에서도 자라고 강아지 안에서도 자라고 두더지 안에서도 자랄 것이다. 하여, 나는 없다 하기에는 곳곳에 많고 많다 하기에는 어디에도 온전히 없다, 할 것이다. 그리고 나는, 곳곳에 휘날리는 눈발이기도 하고 바람이기도 하고 너이기도 하고, 그 아무 것도 아니기도 하고,'에 귀결된다. 그렇다면 '나'이기도 하고 아니기도 하는 '나'란 누구인가. 결국 비굴로도 보이는 굴비이기도 한 박철웅은 '소시민이기도 하고 아니기도 하다'는 데로 귀결되나, 자아부정이라는 점에서 고독하다.

살다 보면, 밥 묵으시오, 라고
피곤한 듯 진저리 난 듯
가을철 바가지 깨지는 소리가 들린다
그 때마다 나는 순한 짐승이 되어
꼬리를 낮추고 공손하게 식사를 한다

공손!
밥그릇에 두 손을 올리며
여기까지 왔는데 거기까지 못 가랴
이중의 의문표를 던지며
순종과 항거의 침묵이 몸 구석구석
사르르 살얼음이 어는 것이다

봄이 오길 기다리며 창문을 연다
능수버들이 머리를 풀어 잠수하려는 듯
살짝 기울고
나도 생각의 가지를 뻗어 잠수 한다
밥 묵으시오! 화두를 붙잡고

정진! 또 정진!

노을 진 계절에 하루 세끼 밥을 축내며
세끼. 세끼. 를 읊다 보면 나도 새끼가 되고
집 지키는 늙은 똥개 새끼가 생각이 난다
밥 묵으시오! 화두가 흔들린다
이러면 안 돼. 화두를 견고히 붙잡고

다시 밥상에 앉는다
축 처진 꼬리를 살짝 흔들며
똘랑 똘랑한 눈동자로 겸허히 밥상에 앉은 삼식 씨

밖엔 보슬보슬 비가 내리고
한 입 한 입 수저를 가져가며 하루를 적신다

아내의 눈동자가 젖어 들어간다
한층 공손해진 입술이
한층 공손해진 바닥처럼
말을 잃었다

—「공손한 삼식 씨」 전문

'공손'은 '비굴'과 유사해 보이고 '공손한 삼식 씨'는 박철웅을 넘어서 소시민의 대명사로 다가온다. 우리네 이름에는 몇 년대의 이름인지를 상징하는 시대적 특색이 있다. 가령

'순이, 철수, 영희' 등은 1950년~60년대산 이름일 것이다. '영희와 철수'는 60~70년대 초등학교 국어교과서를 장식한 이름이기도 하다. '삼식'은 그보다 더 이전, 아마도 1940~50년대산 아니면 1920~30년대산 이름으로 다가온다. 토속적이다. 그러니까 '영희나 철수'보다 덜 세련된 이름이다. '세련된'이라는 어휘에는 근대적이라는 의미가 내재되어 있다. 우리의 역사가 근대성을 향하여 세련되게 발전되어 왔으므로, 우리 삶의 기준은 세련된 근대성에 있다. 그러나 '공손한 삼식 씨'는 세련되지 못하다. 근대적으로 세련되지 않은 '공손한 삼식 씨'는 비굴과 더 가깝다.

근대적이기는커녕 토속에서도 벗어나지 못한 '삼식 씨'는 비근대적이어서 공손하고 토속적이어서 공손하며 대시민의 근처에 가는 것은 엄두도 내지 못하는 소시민이라서 공손하다. 대시민이 되고 싶은 꿈은 꿔본 적도 없다. '공손' 외에는 달리 취할 방도가 없는 소시민 '삼식 씨'에게 밥 먹는 일은 '꼬리를 낮추고 순한 짐승'이 되는 것과 같다. 대부분의 동물은, 맹수조차도 밥그릇 앞에서는 꼬리를 낮추고 밥그릇에 숙인 머리를 들이민다. 만물의 영장인 인간일지라도 밥 먹는 '삼식 씨'는 다른 동물과 다를 바 없다.

먹는 일 앞에서 고개를 숙이고 꼬리를 낮추는 공손은 신이나 거대한 우주 앞에서 공손한 것과 같은가 다른가? 먹는 일은 공손해야 마땅한 숭고한 일이다. "삶이라는 고해를 일엽편주로 항해하다가/일용한 양식을 구하지 못해 얼마나 많은 사람이/마포대교에서 옥탑 방에서/껄껄 웃고 낙화하고/좌절하던가"(「무항산 무항심無恒產 無恒心」에서)라는 고해에 가득 찬 자조처럼 먹지 않고서야 만물의 영장도 맹수도 소시민도 대시민도 존재가 불가하므로 그러하다. 이때야 비로소, 비록 꿈꾸지 않았다 해도 소시민이 대시민과 현상적으로나마 같아질 수 있으리라. 때문에 먹는 일은 위대하다. 본능이 야기한 공손일지라도 그러하다. 소시민의 한 평생이 '순종과 항거의 침묵이 몸 구석구석 살얼음을 얼게 한' 것이나 다름없듯이 이제 본능처럼 '밥 그릇에 공손히 두 손을 올리며 겸허히 밥상에 앉은 삼식 씨'는 공손하다. 소시민은 비굴한 것이 아니라 공손하며 그것은 소시민을 숭고에 이르게 한 궁극의 자세였던 것이다.

결국 시간이 야기한 숭고인가, 본능이 야기한 숭고인가. 아니면 공손한 소시민의 한 평생이 야기한 숭고인가. "새해가 오더니만 가고, 가는 듯하더니 또 오더구먼/그러나 내 계절은 두 번 다시 오는 계절은 아닌 듯하고/하여 어느 계절, 내 명함도 줄 이 없는 그날이 오겠지/마지막 명함이 떨구어지는 그날이 오겠지/그날, 그날 이후 내 계절엔 낙엽이 질지/눈이 내릴지 모르지만"(「그날」에서)이라고, 현실의 전쟁터에서 퇴장한 인생의 하산이 공손한 소시민의 일상을 숭고에 이르게 한 것일지도 모를 일이다. '과'가 '너와 나'를, '하늘과 땅'을, '소시민과 대시민'을 하나되게 하듯이 시간과 본능도 소시민과 대시민을 하나되게 한 것일 터이다. 그럼에도 이제 소시민이 대시민보다 작거나 적거나 모자라거나 부족한 것이 아니라 인간의 숭고한 조건으로서 공손인 까닭임을 확인한다. 한평생 소시민으로 산다는 것은 한평생 인간답게 숭고하게 산다는 의미인 것이다. 이때 자조도 고독도 숭고의 초월에 이른다. 머리 숙인 공손이 숭고를 은닉하고 있었던 것이다.